1937

상하이 전투

Battle of Shanghai

1937 淞滬會戰 Battle of Shanghai

초판인쇄 2016년 2월 5일
초판발행 2016년 2월 5일

지은이 뤼보 呂玻
옮긴이 한국학술정보 출판번역팀
번역감수 안쉐메이 安雪梅

펴낸이 채종준
기 획 박능원
편 집 백혜림
디자인 조은아
마케팅 황영주, 김지선

펴낸곳 한국학술정보(주)
주소 경기도 파주시 회동길 230(문발동)
전화 031 908 3181(대표)
팩스 031 908 3189
홈페이지 http://ebook.kstudy.com
E-mail 출판사업부 publish@kstudy.com
등록 제일산-115호 2000. 6. 19

ISBN 978-89-268-7130-0 03910

1937
상하이 전투
Battle of Shanghai

뤼보(呂玻) 지음
한국학술정보 출판번역팀 옮김

이담
Books

머리말

필자가 나서 자란 시대에 만화책은 남자아이의 꿈과 상상력을 싹 틔워주는 영양소였다.

그렇기 때문에 성인이 되고 어느덧 중년을 바라보는 나이임에도 만화책은 여전히 떨쳐버릴 수 없는 꿈으로 남아 있다.

필자가 좋아하는 만화가로는 류지유(劉繼卣), 옌메이화(顔梅華), 허유즈(賀友直), 왕커웨이(王可偉) 그리고 장 지로드(Jeam Giraud, Moebius), 제프리 대로우(Geofrey Darrow), 미우라 켄타로(三浦健太郎) 등이 있다.

그러나 어디까지나 나의 펜 끝에서 나온 작품만이 가장 진실한 '나'인 것이다.

1970년대생 만화애호가로서 영화 같은 현대 만화에 끌리는 동시에 전통적인 『수호전(水滸傳)』, 『삼국지(三國志)』에도 빠져드니 어떠한 화풍이 나에게 가장 적합한 것일까?

최종적으로 필자는 선묘(線描) 바탕에 명암톤을 더한, 소묘·판화·만화를 모두 아우르는 화풍을 선택하였다. 물론 우선적으로 본 만화책은 사실적(寫實的)인 성인만화다.

어떤 이는 만화를 영화에 비유하는데 다만 이 영화는 제작, 시나리오, 감독, 촬영, 복장, 도구, 배우 스타일, 조명 및 기타 제작진이 모두 화가 한 사람일 따름이다. 만약 만화를 영화라 치면 본 작품은 다큐멘터리에 더 가깝다. 세월이 흐른 탓에 후반 작업으로 여러 장면과 단락을 보충하였으나 전체적인 풍격은 여전히 질박하고 담백하다. 또 본 작품은 역사의 한 페이지로서 진실하지만 동시에 가깝고도 멀어 이도저도 아닌 듯하니 르포르타주에 가깝다고 하겠다.

2008년 오랫동안 마음속에 담고 있던 군사(軍事) 만화를 그리려고 마음먹었으나 한동안 자기 회의에 빠져 소홀히 보낸 시간도 있었다. 2011년 가족과 함께 스웨덴에 체류하면서 다시금 펜을 들어 1년여의 시간을 거쳐 드디어 작품을 완성하였다. 이미 앞서 수많은 사진자료와 문서자료를 수집하였고 상하이 전투의 과정만 서술할 뿐 주인공이 있는 이야기가 아니라서 시나리오 작성에 있어서도 작업량을 많이 줄이게 되었다. 최종적으로 약 120페이지에 달하는 흑백단행본으로 탈고하였고 이것만으로도 곤욕을 치른 듯하였다. 직업만화가들의 몇백 페이지에 달하는 작품과 비교할 때 너무나 부끄러운 분량이다. 하지만 필자도 자신만의 5년 계획이 있으니 적어도 장편작품 3부를 남겨 본인의 또 다른 인생에 대한 추억과 발자국을 남기려 한다. '사람이 죽은 뒤엔 이름을 남기고, 기러기가 지나간 곳엔 소리를 남긴다'고 하였다. 아마 인간은 본능적으로 무언가를 남기려 하는 듯하다. 다음 생에서 자신을 되찾을 수 있도록….

항상 곁에서 묵묵히 필자를 지켜준 사랑하는 아내와 딸 쯔쉬안(紫玄)에게 이 작품을 바친다.

2012년 11월 12일 스톡홀름에서

뤼보(呂玻)

상하이 전투 상황도

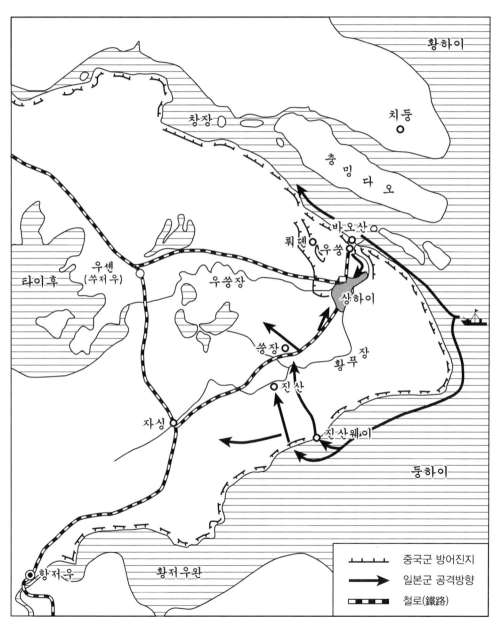

황하이

치둥

창장

충밍다오

바오산

뤼뎬 우쑹

우셴
(쑤저우)

타이후

우쑹장

상하이

쑹장

황푸장

진산

자싱

진산웨이

둥하이

항저우

황저우완

	중국군 방어진지
→	일본군 공격방향
	철로(鐵路)

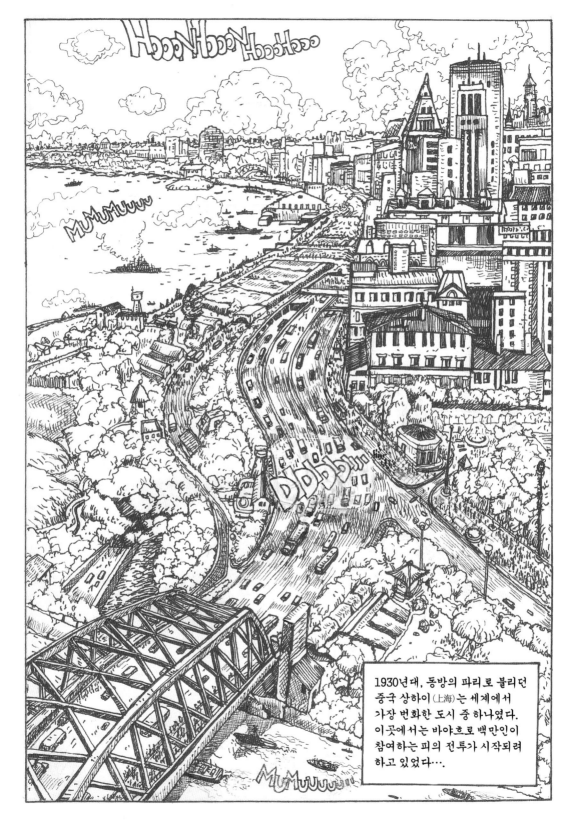

1930년대, 동방의 파리로 불리던 중국 상하이(上海)는 세계에서 가장 번화한 도시 중 하나였다. 이곳에서는 바야흐로 백만인이 참여하는 피의 전투가 시작되려 하고 있었다….

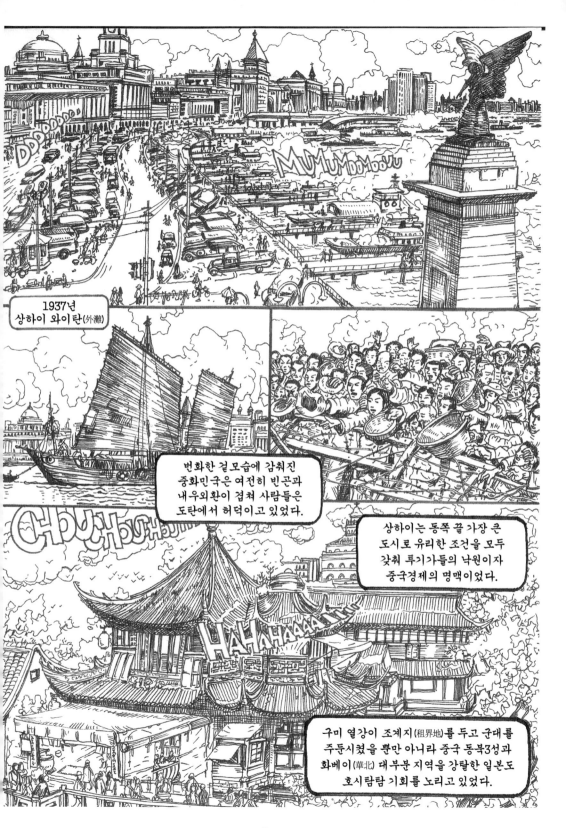

1937년
상하이 와이탄(外灘)

번화한 겉모습에 감춰진
중화민국은 여전히 빈곤과
내우외환이 겹쳐 사람들은
도탄에서 허덕이고 있었다.

상하이는 동쪽 끝 가장 큰
도시로 유리한 조건을 모두
갖춰 투기가들의 낙원이자
중국경제의 명맥이었다.

구미 열강이 조계지(租界地)를 두고 군대를
주둔시켰을 뿐만 아니라 중국 동북3성과
화베이(華北) 대부분 지역을 강탈한 일본도
호시탐탐 기회를 노리고 있었다.

1937년 쑹후(松滬, 상하이) 지역 약도

'쑹후'는 민간에서 부르는 상하이의 별칭이다. 1932년 '1·28 상하이 사변' 이후 중일 간 '상하이정전협정'을 맺음으로써 일본은 상하이에 군대를 주둔시킬 수 있게 되었을 뿐 아니라 해병대 사령부를 훙커우(虹口) 일본 조계지 내에 설치하였고 중국군은 시 중심에서 전부 물러나게 되었다.

중국 통수(統帥)도 일본군의 의도를 간파하였고 중일 전면전이 눈앞으로 다가왔음을 알고 있었다.

1937년 7월 하순, 장즈중의 지휘하에 중국군은 소리 없이 상하이 지역에 진주하였다. 그중 중앙군 제2사단 일부는 보안대라는 이름으로 훙차오(虹橋) 비행장에 주둔하였다.

8월 9일 저녁 5시경, 일본해병대 중위 오오야마 이사오와 일등병 사이토가 차를 몰고 훙커우 비행장으로 돌격하다 중국 수비군에 의해 사살되는 이른바 '오오야마 이사오 사건'이 발생하였다.

이 사건은 상하이 전투의 도화선이 되었고 쌍방은 일촉즉발의 위기에 놓이게 되었다. 더 이상 전쟁을 막을 가능성은 사라지게 되었다.

10

14

왜놈들에게 본때를 보여줄 때가 되었어!

일본과의 싸움은 우리가 경험이 있지!

중국군 주력은 중앙군 최정예부대 제36, 87, 88 독일식 사단이었다.

항상 전투태세를 갖추고 기다리던 중국 병사들은 백년 숙적과의 혈투를 다짐하였다!

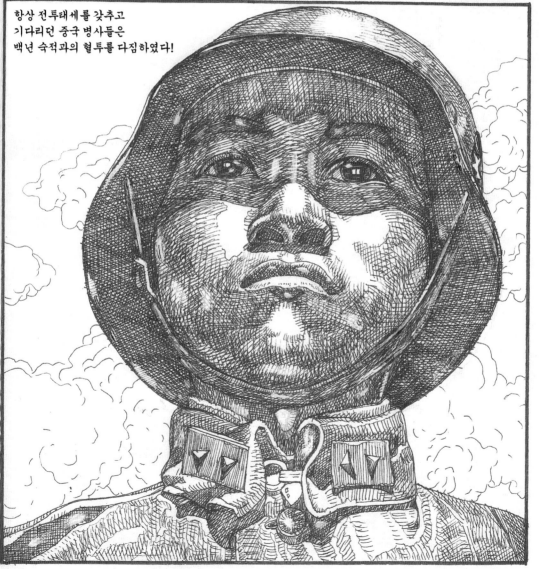

상하이 전투 중일 주요 고급 장교

중국
- 천 청(陳誠)
- 펑위샹(馮玉祥)
- 장즈중(張治中)
- 쉐웨(薛岳)
- 구주퉁(顧祝同)

일본
- 하세가와키요시(長谷川淸)
- 아사카노미야 야스히코(朝香宮鳩彦)
- 다니 히사오(谷壽夫)
- 마쓰이 이와네(松井石根)
- 야나가와 헤이스케(柳川平助)

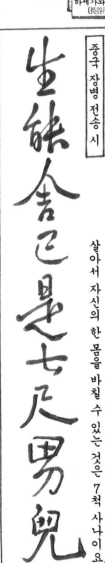

生能舍己是七尺男兒

살아서 자신의 한 몸을 바칠 수 있는 것은 7척 사나이요,

중국 장병 전송 시

作千秋雄鬼死不還家

천추의 영웅 귀신이 될지언정 죽어도 돌아가지 않으리라.

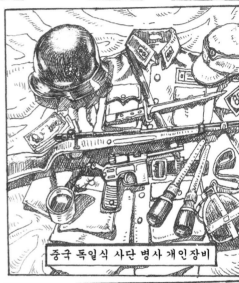

중국 독일식 사단 병사 개인장비

일본(육군) 병사 개인장비

16

BLAM!
BLAM!
BLAM!
BLAM!

8월 14일, 일본군 함대가 자베이를 포격하기 시작하였다.

BOOM!!
BOOM!!
BOOM!

전부 투하!

네!

조계지 조심!

일본군 폭격기는 조계지를 제외한 시내에 무차별 폭격을 가하였고 수많은 중국 민간인이 목숨을 잃었다!

TATATA
TATATA

지나 탱크다! 사격!

준비됐습니다, 분대장님!

TATATATA
TATATATA

일곱! 여덟!

순쯔(順子)! 폭탄은 준비됐나?

일본군은 무게 150톤에, 57mm 화포와 두께가 25mm에 달하는 최신형 97탱크로 무장하였다.

20

8월 17일, 중국군은 일본 해군 연병장을 접수하였다.
일본군은 양수푸(楊樹浦) 조계지로 퇴각하였는데 중국군의
연이은 맹렬한 공격을 막기에는 병력이 턱없이 부족하였다.

8월 18일, 일본군 일부가 푸둥(浦東)에 이르렀다. 이들은 룽왕먀오(龍王廟)에 상륙하여 상하이 전선을 지원하려 하였다.

승선! 상륙 준비!

빨리빨리!

네!

중국군은 룽왕먀오에 창장(長江) 방어부대와 진지가 구축되어 있어 적들을 기다리기만 하면 되었다.

오늘 룽왕먀오를 염라대왕묘로 만들어버리겠어!

왜놈들이 드디어 왔구나!

26

8월 21일

중국군은 몇 안 되는 영국제 VICKERS 경형 탱크를 투입하였다.

적을 무찌르는 데 이 한 몸 바치겠어!

1중대 출발 준비!

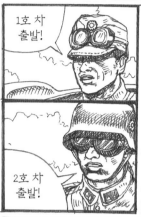

1호 차 출발!

2호 차 출발!

BOOM!

지나군의 VICKERS 탱크야.

저건 뭐지?!

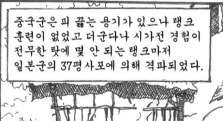

중국군은 피 끓는 용기가 있으나 탱크 훈련이 없었고 더군다나 시가전 경험이 전무한 탓에 몇 안 되는 탱크마저 일본군의 37평사포에 의해 격파되었다.

영국제 VICKERS MK.E 탱크 사양

탑승인원 3명 | 길이 4.88m | 너비 2.41m | 높이 2.16m | 무게 7.3t | 최대속도 35km/h | 장갑 13cm | 무기 47cm, 유탄포 탄알 50발 | 보조무기 1~2개 제식 기관총

포격!!

대장님, 빼앗은 탱크는 어떻게 하죠?

일단 끌고 가서 엄호물로 써.

방어선을
지키자!

쌍방은 또다시 대치상태에
처하였고 일본군은 방어를 공고히
하면서 지원군을 기다렸다.

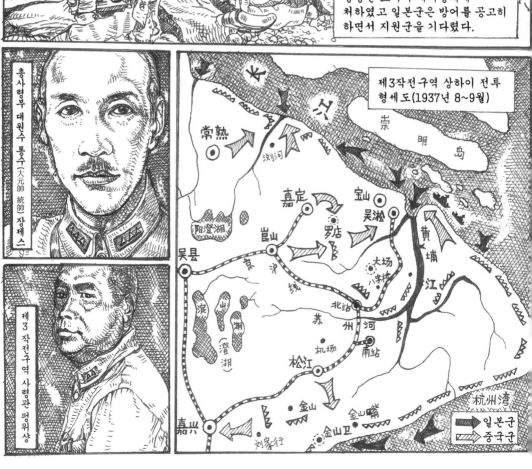

총사령부 대원수 통수(大元帥 統帥) 장제스

제3 작전구역 사령관 펑위샹

제3작전구역 상하이 전투
형세도(1937년 8~9월)

→ 일본군
⇒ 중국군

장즈중 장군

張治中

張發奎

장파쿠이 (張發奎) 장군

전면전이 벌어졌다. 8월 하순 중화민국 정부는 전국을 여러 개의 작전구역으로 나누고 상하이를 제3작전구역으로 칭하였다. 펑위샹을 총지휘관에 임명하였고, 장즈중과 장파쿠이가 각각 좌우 양익(兩翼)을 통솔하게 되었다.

드디어 우리 육군이 상하이 전장에 뛰어들었군!

해군이 맥을 못 쳐서 그래. 하하하!

KUUKAA KUUKAA KUUKAA

8월 22일, 일본 육군 증원부대 '상하이 파견군'이 상하이에 도착하여 제3사단은 우쑹커우(吳淞口)에, 제11사단은 바오산(寶山) 및 촨사커우에 상륙하였다.

음, 뤄뎬이라 ....

각하, 저쪽이 바로 뤄뎬(羅店) 방향입니다.

배에는 상하이 파견군 사령관 마쓰이 이와네도 탑승하고 있었다.

상하이에 대해 익히 알고 있던 마쓰이 이와네는 뤼뎬의 중요성을 인지하고 제11사단에 명하여 촨사커우에 상륙한 후 신속히 다창(大場), 뤼뎬을 급습하게 하였다.

주의! 지나 포병진지를 수색하라!

네!

지나군도 뤼뎬의 중요성을 알고 있을 거야. 반드시 점령해야 돼!

네! 장군님!

장즈중 장군은 제98, 11사단을 뤼뎬으로 급파해 일본군을 저격하게 하였다. 당시 중국군은 뤼뎬 외곽 촨사커우에 겨우 한 개 중대의 병력이 배치되어 있었다. 드디어 '혈육마방(血肉磨坊)'이라 불리는 뤼뎬 전투의 막이 올랐다.

ALEXANDER VON FALKENHAUSEN

중국군 독일인 군사고문 알렉산더 폰 폴켄하우젠이 사전에 장제스에게 뤼뎬이 이번 전투의 관건인 요충지가 될 것임을 귀띔한 바 있었다.

37

결국 중국 수비군은 중과부적으로 모두 장렬하게 순국하였다. 8월 23일, 일본군은 촨사커우를 함락하였고 뤄뎬을 바로 지척에 두게 되었다.

만세!

이겼다!

만세!

와아~!

제11사단 대부분은 휴식을 취하며 전열을 정비하고 선두부대만 지체 없이 뤄뎬을 향해 나아갔다.

봐! 저 굽이만 돌면 바로 뤄뎬이야!

힘내! 곧 도착할 거야.

23일 일본군 제3사단도 우쑹커우에 상륙하여 뤄뎬에 대한 포위 형세를 이루었는데 중국군은 이를 거의 방어하지 못했다.

이 진흙더미가 지나군의 방어선이란 말인가?!

하하하! 고지마, 농담도 잘하는구먼!

11사단이 이미 뤄뎬에 도착했더.

그들이 잘 지키고 있었으면 좋겠어.

주의 경계!

43

46

48

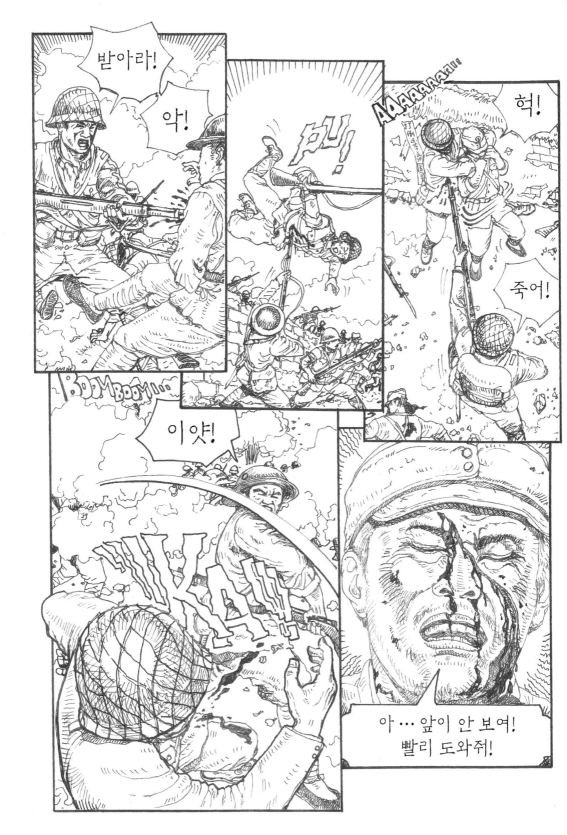

양측 병사들은 사방이 십 몇 km밖에 되지
않는 뤼덴에서 육박전을 벌였고 도처에는
시체가 널렸다. 이 전투에 '혈육마방'이란
이름이 붙여진 이유다.

오직 전진뿐! 사생결단이다!

HOONHOONHOON

PING! PING!

PING! PING!

24일 일본 지원군이 도착하였다. 중국 측 뤄쮜잉(羅卓英)의 중앙군 직속 제18군 일부도 뤄뎬 쟁탈전에 투입되었다.

쌍방은 진지를 두고 하루에도 7번씩이나 빼앗고 빼앗기는 소모적인 접전을 벌였다!

무찌르자! 돌격!

가자!

HUG!

악! 너무 아파!

버텨! 의무병!

사격!

양군 무기와 전투력의 엄청난 차이 탓에 중국군은 막대한 사상자를 내었으나 장병들은 죽음을 무릅쓰고 의기충전하여 싸웠다!

SOOUT! SOOUT! SOOUT!

54

바오산 성 아래에서 총공격을 맡은 부대는 제3사단 휘하 제68연대로 나고야에서 온 2,500명의 병사들로 구성되었다.

여기 포 하나를 더 배치하게.

그들과 대적하는 중국군은 24일 바오산에 도착하여 주둔한 제18군 제98사단 제292여단 제583연대 제3대대의 병사 500명이었다.

1중대는 성에서 500보 떨어진 곳에 진지를 재정비하게. 여기가 우리의 첫 번째 방어선이야.

야오(姚) 대대장님이 앞장서셨어!

돌격!

연이은 포격과 폭격으로 진지는 거의 폐허가 되었고 일본군은 첫 번째 공격을 개시하였다.

성 밖 중국군의 참호에서는 시체와 폐허더미로부터 기적적으로 살아남은 병사들이 하나둘씩 기어 나왔고 총소리는 끊이지 않았다….

남은 병사들은 일본군의 거센 공격을 수차례 물리쳤고 탄약이 떨어져서야 성 안의 두 번째 방어선으로 퇴각하였다. 정오가 되자 일본군은 이미 사면에서 포위해왔고 바오산은 고립되었다.

62

대대장님, 왜놈들이 동쪽 문 뚫린 틈으로 쳐들어왔습니다!

멍청이들!

엎드려!

BOOM!!

윽!

HOOHOOII!

야오즈칭(姚子靑) 대대의 몇백 명 용사들은 목숨이 다하는 순간까지도 끝까지 철퇴하지 않았다!

OUCH!

KALAKALA!

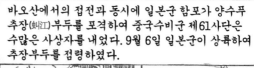

바오산에서의 접전과 동시에 일본군 함포가 양수푸 추장(虯江)부두를 포격하여 중국수비군 제61사단은 수많은 사상자를 내었다. 9월 6일 일본군이 상륙하여 추장부두를 점령하였다.

이리하여 일본군은 상하이 전장 좌측에서 너비 50km, 길이 20km 되는 중심지대를 차지함으로써 발판을 마련하였고 더 많은 지원군이 속속 도착했다.

이와 함께 우쑹커우 밖 강가도 일본군 전함으로 메워졌다.

장제스 또한 펑위샹을 대신하여 제3전장 사령관을 겸임하고 상하이 전투를 전면적으로 지휘하였다.

중국군은 전투에 임박하여 장군을 교체, 제15집단군 사령관 천청이 장즈중을 대신하여 상하이 전장의 신임 총사령관이 되었다.

1937년 9월 6일 이후, 중일 쌍방은 뤄뎬, 선자샹(沈家巷), 루자자이(陸家宅), 먀오항(廟行) 등지에서 접전을 치렀다. 두 개 사단밖에 없었던 일본군은 수적으로 우세를 점한 중국군을 상대로 점점 버티기가 어려워졌다.

상하이 전장에서의 접전은 일본군의 예상을 훨씬 뛰어넘는 수준이라 내각은 마쓰이 이와네의 요구대로 병력을 지속적으로 증원하였다.

일본군은 제9, 13, 101사단이 연이어 출발하여 9월 중순에 이르자 5개 사단 근 12만 명에 달하였으며 일부 전장에서는 중국군보다 절대적인 우세를 점하기도 하였다.

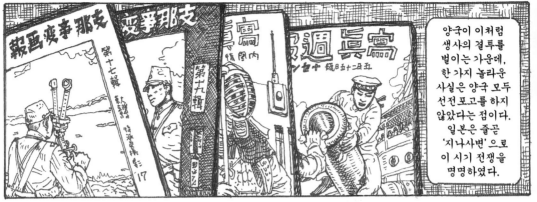

양국이 이처럼
생사의 결투를
벌이는 가운데,
한 가지 놀라운
사실은 양국 모두
선전포고를 하지
않았다는 점이다.
일본은 줄곧
'지나사변'으로
이 시기 전쟁을
명명하였다.

사실상 양국 간 교전은
1931년부터 시작되었다.

중국은 국제 여론,
무기 거래, 중립국
조계지 및 자국 교민
등 여러 요인을
고려하여 1941년에
이르러서야 정식으로
대일본 선전포고를
하였다.

이렇게 두 동방의 민족은
아무런 선전포고도 없이
인류 역사상 유례없는
혈전과 살육을 벌이고
있었던 것이다…

형제들, 일본군을 바다로 몰아냅시다!

1937년 9월 12일, 중국군 좌익 제15집단군 주력부대가 원자오방 이북 판징허(潘涇河)의 예정진지에 진입하여 일본군의 남침을 저지하려 하였다.

BLAM

원자오방은 자베이의 천연 보호막으로 1932년 제1차 상하이 전투 당시 주요 전장이었다.

13일, 일본군 제11사단 선두부대가 중국 수비군과 맞닥뜨렸고 새로운 접전이 시작되었다.

원자오방은 물줄기가 많고 강어귀가 얽히고설켜 일본군이 군수품과 무기를 운송하기 어려워.

제대로 한번 붙어보겠군!

그러나 일본군은 이전 전투에서 교훈을 얻어 대량의 소형 배와 부교(浮橋)를 갖춰 강남의 물이 많은 지형에 대비하여 거침없이 진군하였다.

일본군은 우세를 점하고 있음에도 무리하지 않고 틈틈이 참호를 파면서 천천히 밀고 나갔다.

HOON! HOON

빨리! 빨리!

69

최전선에서는 양군 전장이 얽히고설키는 통에 물 운송 병사가 영웅으로 떠받들어졌다.

장작을 더 넣어!

중국군은 제공권(制空權)이 전무한 상태라 불을 피우면 적기의 폭격을 받은 반면 일본군 취사병은 안심하고 밥을 지을 수 있었다.

일본군 전술은 이미 현대 육해공 협동작전에 근접하여 보병이 공격을 개시하기 전에 반드시 먼저 비행기와 함포로 중국군 진지를 폭격하였다.

맨 나중에야 보병이 탱크의 엄호하에 돌격하였다.

그다음에는 지상에서 집중 포격을 가했다.

이에 비해 중국군은 무기와 전술 모두 낙후한 상태였다. 가진 것이라곤 오직 피 끓는 애국심과 몸뿐이었다.

70

형제들!
위험한 전투인 만큼 난
여러분과 함께 조국을
지킬 것이다!

원자오방 수비군은 국군
제8군으로 휘하에 있는 중앙군
제61사단과 쑹즈원(宋子文)의
세경총단(稅警總團)이 있었다.

세경총단 제4연대 연대장인,
즉 훗날 원정군의 명장이 된
쑨리런(孫立人) 장군이다.

원자오방 중심지에
위치한 탕차오(唐橋)역은
후라이(滬太)선의 요충지로
양군 간 치열한 쟁탈전이
벌어지기도 하였다.

橋庸
TANG QIAO

BOOM!

1937년 10월 2일,
일본군 제9사단이
탕차오역을 공격하기
시작하였다.

수비군과 치열한 쟁탈전이 전개되었다!

HOOM!

B4M!

돌격!

독가스로 인한
사상자 수는
엄청났으며
참호에는 시체
천지였다.

끄ㄴ!

안 돼!
으윽…

세경총단 역시 반 이상 사상자가
발생했고 탕차오, 엔자자이(嚴家宅)를
연이어 내주었다.

10월 6일, 일본군 일부가
원자오방을 건너면서
중국군과 더욱 참혹한
진지전을 벌이게 되었다.

사격!

TATA!

원자오방은 황무장의 지류로 상하이 북부를 가로지르는데 이곳을 넘으면 상하이가 곧 지척이었다.

10월 6일부터 일본군은 교두보 진지를 이용하여 장병과 군수품을 원자오방 남쪽 기슭으로 계속 운송하였다.

상륙 준비!

이 강을 건너면 다창이야!

곧 자베이가 보이겠군!

10월 9일, 일본군은 원자오방 남쪽 기슭의 저우마탕(走馬塘) 중국군 방어선을 공격하였다.

전투 준비!

아군 포격이 그치면 그게 공격 신호다.

BLAM!

BLAM!

일본 놈들 죽여버릴 거야!

받아라!

커억!

UHUHUH

SOUSOU

PU!

AAAA

BOOM

AAAAAAA

WOON WOON WOON WOON

신속히 지원해, 전진!

네!

사상자 파악!

10월 23일까지 이어진 처절한 진지전에서 중국군은 막대한 사상자를 내고 부득이하게 철퇴하였다. 일본군은 원자오방 남쪽 기슭 및 저우마탕 지역을 완전히 장악하고 가깝게는 다창을, 멀리는 자베이를 바라보게 되었다.

따라붙어.

HOOOOOOHOO...

일본군 사상자 수도 만만치 않았다!
20km 거리를 나아가는데
꼬박 20일이 소요되었다.

지나군이 이렇게 완강하게 저항할 줄은 몰랐어!

중국군은 전투장비가 낙후하고 병사들의 소양 또한 낮았지만 죽음으로써 조국을 지켜내려는 용기만은 온 세상을 감동케 하였다!

1937년 10월 25일 아침, 일본군 제9,
101사단이 다창에 있는 중국군 제18,
33사단 진지를 전력을 다해 공격하였다!

TATATA

AAAAA

HAHAHAHA

TATATA

AAAAAA

KILL

오후 3시, 라오런챠오
(老人橋)의 제33사단
진지가 함락되고
사단장 펑싱셴(馮興賢)은
중상을 입었다!

81

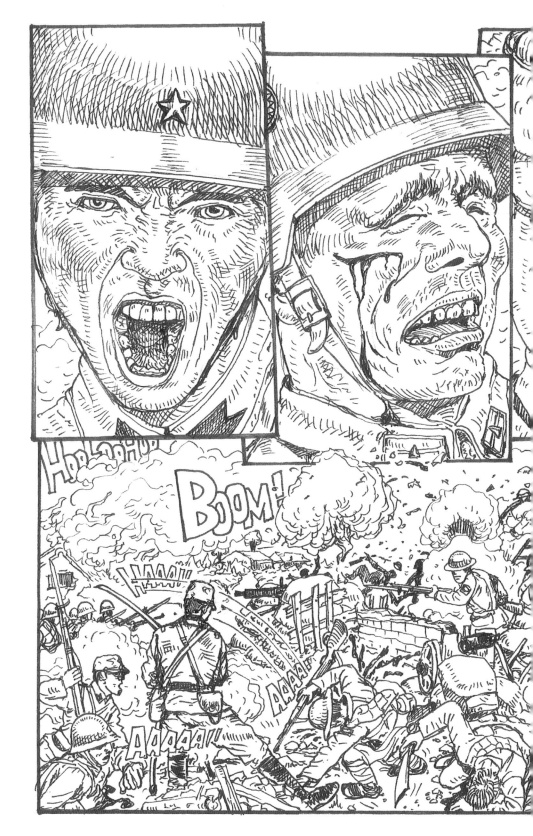

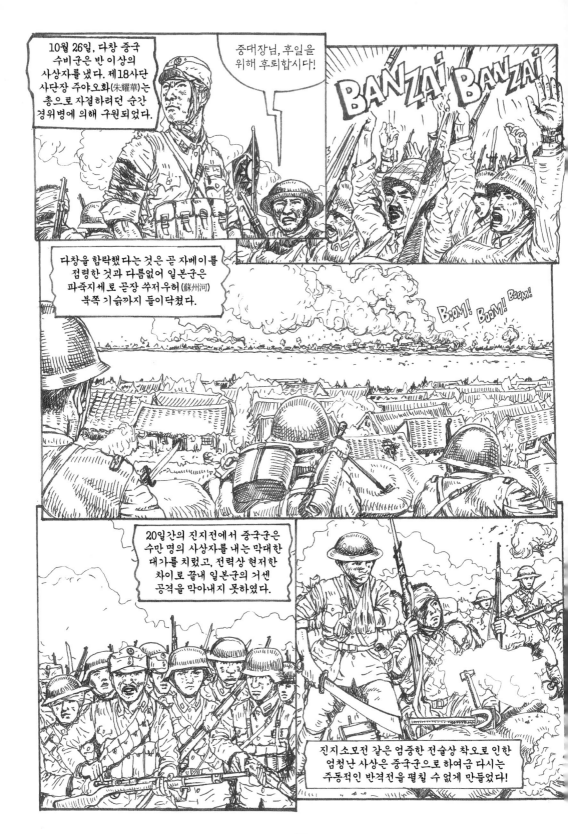

10월 26일, 다창 중국 수비군은 반 이상의 사상자를 냈다. 제18사단 사단장 주야오화(朱耀華)는 총으로 자결하려던 순간 경위병에 의해 구원되었다.

중대장님, 후일을 위해 후퇴합시다!

BANZAI! BANZAI!

BOOM! BOOM! BOOM!

다창을 함락했다는 것은 곧 자베이를 점령한 것과 다름없어 일본군은 파죽지세로 곧장 쑤저우허(蘇州河) 북쪽 기슭까지 들이닥쳤다.

20일간의 진지전에서 중국군은 수만 명의 사상자를 내는 막대한 대가를 치렀고, 전력상 현저한 차이로 끝내 일본군의 거센 공격을 막아내지 못하였다.

진지소모전 같은 엄중한 전술상 착오로 인한 엄청난 사상은 중국군으로 하여금 다시는 주동적인 반격전을 펼칠 수 없게 만들었다!

조금만 참게!

Aaaaaa

45번째 절단수술.

네!

10월 27, 28일 양일간은 대규모 전투가 거의 없었다.

20여 일간 계속된 치열한 접전으로 일본군 역시 몸과 마음이 지치고 사기 또한 저하되었다.

일본군은 정비를 서두르는 동시에 신예부대를 증원하고 교대 배치하였다.

중국군 또한 부대를 이동 배치하는 등 재정비에 들어갔다.

네, 명심하겠습니다!

쑤저우허는 아군의 마지막 방어선이네. 죽을 각오로 지키게!

28일, 중국군 통수 장제스는 친히 최전선을 시찰하였다.

松井石根

마쓰이 이와네

11사단 지정된 위치에 도착, 즉시 내일 전면 공격 가능합니다!

일본군 역시 총지휘관 마쓰이 이와네가 쑤저우허 연안 공격을 직접 지휘하였다. 제3, 9, 101사단은 주 공격을 담당하고 제11사단은 협동 공격하였다.

1937년 10월 30일, 일본군은 쑤저우허 남쪽 기슭 제88사단 방어선을 공격하기 시작하였다.

AAAA!!

멈추지 말고 전진!

TATATATA!

쑤저우허에서 폭이 가장 좁은 곳은 40m도 되지 않는데 일본군이 작은 보트를 이용해 재빨리 도하하자 순식간에 시가전이 벌어졌다!

쓰항창고에 남은 고립된 인원은 중앙군 제88사단 쑨위안량(孫元良) 장군 휘하 제524연대 제1대대의 장병 452명이었다.

이들의 지휘관은 부연대장 중령 셰진위안(謝晉元)이었다.

쑤저우허 북쪽 기슭에 위치한 쓰항창고는 조계지 및 영국 대사관과 강을 사이에 두고 있었는데 전투가 벌어진 후 줄곧 제88사단 지휘부로 사용되었다.

유리를 전부 깨부수고 모래주머니를 쌓는다.

저쪽에 기관총 하나를 더놔.

10월 26일 저녁, 셰진위안은 명을 받아 부대를 이끌고 쓰항창고에 진주하여 방어선을 설치하였다.

89

94

95

역사는 옳고 그름이 없으며 다시 되돌릴 수도 없다. 오직 통수와 병사 모두 각자의 책임과 희생이 있었다고 믿을 수밖에….

중국병사들은 일분일초의 시간일지라도 자신의 생명과 기꺼이 맞바꾸었다.

일본군에게도 3개월여의 잔혹한 소모전은 견딜 수 없는 고통이었다. 쌍방 모두 잠시라도 이 잔혹한 대치 상태를 끝낼 수 있는 전환점을 기다리고 있었다.

진산웨이 근해 몇 개 포대가 일본군 함포에 의해 파괴되었고 나머지 포대도 탄약이 떨어져 장병들은 더욱더 고군분투했지만 5일 저녁에 모두 전사하였다.

일본군은 계획대로 침착하게 세 방향에서 상륙하였고

사람, 말, 군수품이 끊임없이 육지로 올라왔으니

진산 해면은 개미떼 같은 일본 함정들로 까맣게 뒤덮였다.

지나군은 진짜 모두 도망쳤나 봐.

하느님이 보우하사 감사합니다!

3일간, 진산웨이로 상륙한 일본군은 10만 명에 달하였으며 거의 아무런 저항도 받지 않았다! 이는 전쟁사에서 가장 기이한 상륙전의 하나이기도 하다.

상하이 파견군
제10군 증원부대
중국 군대

일본군의 진산웨이 상륙 후 상하이 전투 상황도

위원장님, 지금이라도 철퇴하지 않으면 결과는 상상하기 어렵습니다!

천청, 장파쿠이더러 며칠만 더 버티라고 해! 며칠만!

중국군 총사령부에서 일본군의 진산웨이 상륙소식을 전해들은 총참모장 바이총시(白崇禧)는 대경실색했다. 그는 이미 승패가 갈렸기에 신속히 철퇴하여 세력을 보존해야 한다고 생각했다.

이번 왜놈들은 너무 흉포해!

중대장님! 일단 철퇴합시다. 버텨봐야 무리인 것 같습니다.

중국군은 이미 사기가 흐트러지고 투지도 사라져 버렸다. 급히 진산으로 증원하여 일본군의 북상을 저지하던 제62, 79사단은 이제 제10군의 기세를 꺾을 수 없었다!

11월 5일 저녁, 일본군이 진산 현성을 함락하였다.

쿠니사키 지대가 선두로 진산에 쳐들어왔고 주력군은 뒤이어 후항(滬杭: 상하이-항저우) 철도 주변의 쑹장, 칭푸, 자산 방향으로 밀고 나갔다.

1937년 11월 11일, 상하이가 함락되었다. 일본군이 상하이 시내에 진주하였고 일본교민들은 기쁨에 겨워 기(旗)를 내걸어 경축하였다.

지나군은 말보다 더 빨리 뛰네!

내 말은 그들을 따라잡을 수 있어!

퇴각 중인 중국군 뒤로 바짝 쫓아가고 있는 것은 일본군 제6사단이었다.

강을 거슬러 올라가던 제16사단은 바이마오커우(白茆口)에 상륙하여 남북으로 협공하면서 '우푸(吳福)방어선' 아주 가까이까지 접근하고 있었다.

중국군의 '우푸', '시청(錫澄)' 방어선은 많은 영구·반영구 진지로 이루어졌는데 중화민국 정부가 거금을 들여 수년간 건설한 것으로 동쪽의 마지노선이라 불렸으며 수도 난징(南京)의 마지막 방어막이기도 하였다.

타이후 남쪽 기슭을 따라 서쪽으로 진군하던 제10군은 제21집단군 랴오레이(廖磊) 부대의 저항에 부딪혔다.

서둘러!

쌍방은 우싱과 이싱(宜興) 일대에서 접전을 벌였다.

공격!

류샹(劉湘)의 제23집단군 또한 쓰안(泗安), 광더(廣德) 일대에서 일본군을 격퇴하였으나 며칠뿐이었다.

11월 말에 이르러 일본군은 난징으로 통하는 거의 모든 장애물을 전부 제거하고 오직 고립된 장인(江陰)성 하나만 남겨 놓게 되었다.

요새 수비군은 독일제 쿠룹대구경 속사포 여러 문을 가지고 이 천연 요새에 의지해 적을 방어하고 있었다.

장인은 시청 방어선 북쪽에 위치하였는데 역대로 창장의 방어 요충지였으며 '장하이의 관문[江海門戶]'이라 불렸다. 또한 중국 해군 총사령부의 포대(砲臺) 요새가 구축되어 너비가 1,500m밖에 안 되는 강을 내려다보고 있었다.

장인 상류의 군항에도 중국해군 주력인 핑하이(平海), 닝하이(寧海), 이셴(逸仙), 추유(楚有), 하이치(海圻), 하이선(海琛) 등의 군함이 정박해 있었다.

8월 13일 양군 전투가 시작된 이후, 장인은 줄곧 일본군의 중요한 공격목표였다.

그러나 이 천년고성(千年古城)은 요새마냥 우뚝 솟아 무너지지 않았다.

중국해군 장병들은 힘을 모아 일본 함대와 격전을 벌여 청일전쟁의 치욕을 씻으려는 전의를 불태우고 있었다.

창장 강에서 배를 침몰시켜 강어귀를 봉쇄하였으니 일본 항공모함은 들어오지 못할 거야.

그들의 순양함과 구축함만 기다리면 돼!

일대일로 붙어 끝장을 내야지!

해군부 차장/ 중화민국함대 사령관 천지량(陳季良) 상장(上將)

116

1937년 11월 29일

저기가 장인 요새다!

해군과의 합동하에 일본군 제13사단은 장인에 접근하였다. 그 시각 요새수비군은 탄약이 바닥난 창장 방어 포병부대가 있었고,

포격 개시!

해군 뎬레이(電雷)학교의 어뢰 고속정 몇 척이 있었다.

뎬레이학교의 MTB 어뢰 고속정은 영국 및 독일에서 구입한 것으로 중국 해군에서 다행히 남은 장비였다.

뎬레이학교 악비(岳飛)중대 독일제 S-7어뢰정

29~30일 양일간, 일본군 함포는 배를 침몰시킨 봉쇄선 밖에서 장인 포대를 포격했고 육군과 합동작전으로 장인 현성으로 진격했다.

BOOM BOOM BOOM BOOM BOOM BOOM BOOM

118

장인 요새의 화포는 대부분이
전후좌우로 회전이 불가능하고
설상가상으로 탄약도 거의 떨어져
전투를 이어갈 수 없었다. 수비군은
일본군에 최후의 포격을 가한 후
눈물을 머금고 강북으로 철퇴하였다.

일본 지상군은 기세를
모아 장인성을 함락하여
이 마지막 보루를
무너뜨리려 하였다!

장인 수비군은 앞뒤 협공을 받아
막대한 사상자를 내었을 뿐만 아니라
탄약과 식량 모두 바닥이 나 끝내 12월
2일자로 성을 포기하고 잔여부대는
전장(鎭江), 난징으로 퇴각하였다.

사격!

구라바야시 부대가 장인과
요새 포대를 점령함으로써
난징의 마지막 보호막마저
벗겨져버렸다. 중국 수도가
적의 눈앞에 놓이게 된 것이다.

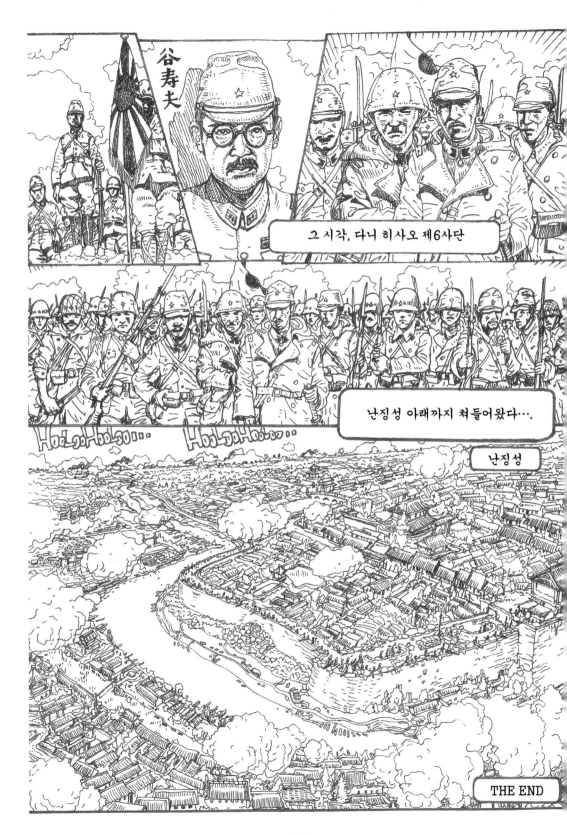

THE END

OLD SOLDIER NEVER DIE, THEY JUST FADE AWAY···
노병은 죽지 않는다, 다만 사라져갈 뿐···

후기

1937년 12월 일본군이 난징에서 중국인들에게 자행했던 잔인한 학살을 그린 이야기와 영화는 꽤 있는 편인데 본 작품은 '난징대학살'의 프리퀄(속편)에 해당한다 하겠다. 본 작품에서는 1937년 12월 이전 석 달간 중·일 사이에 어떠한 사건들이 발생하였는지, 양군은 피차 떠올리기도 괴로운 3개월을 어떻게 보냈는지, 중국군은 어떻게 그들보다 병력이 우세한 상대와 맞붙었는지, 난징을 함락한 일본군은 무엇 때문에 그토록 분노하고 흉포했는지, 그리고 어찌하여 중국군은 그처럼 무기력하게 당하기만 하였는지 등등에 대해 그려 내었다.

필자는 될수록 다큐멘터리 형식으로 당시 석 달간을 기술하려 하였지만 '기록자'로서의 저자 본인이 중국사람이라는 것 또한 분명한 사실이다.

짧은 석 달간 지구 상 한 점에 불과한 '상하이(淞滬)'에서 일어났던 사건들은 수많은 책과 영화로 각색할 수 있다. 필자는 시공을 넘어 당시 상황에 대해 극히 일부만 재현하였으나 이것마저도 모르는 이가 많다. 더욱이 그 3개월간 얼마나 많은 중국 병사들이 어떤 충성심으로 어떠한 대가를 치렀는지는 어느 누구도 상세히 모를 것이다. 그들이 머리에 두른 휘장이 청천백일(靑天白日) 휘장이어도 그들 역시 팔로군(八路軍), 해방군(解放軍)과 마찬가지로 모두 평범한 중국인이자 '인민의 아들딸'이었다! 그들은 어떠한 개인의 신앙이 아닌 오직 민족의 생존, 중국의 존엄을 위해 피를 흘렸다!

3개월간, 30만 일본군과 70만 중국군, 백만 병사들이 '동방의 파리'의 골목골목에서, 해상에서, 하늘에서 엉겨 싸웠다. 곳곳에서 총알이 빗발치고 육탄전이 벌어졌다. 애초에 일본군은 쉽사리 상하이를 점령할 수 있다고 생각했고 유럽 열강 역시 일본군과 전면전을 치르는 중국군이 제정신이 아니라고 생각했다. 그러나 1937년 8월 13일 이후 모든 이들이 깜짝 놀라고 말았다! 낙후한 무기, 파손된 장비, 보기에도 어둔한 병사들로 이루어진 중국군이 잘 훈련된 병사, 기계화된 장비로 무장한 잔인한 일본군을 막아냈을 뿐만 아니라 어떤 부분에서는 우세를 점하기도 하였다. 가령 중국 통수(統帥) 장제스(蔣介石)가 결정적 순간에 전략적 실수를 범하지 않았더라면 일본이 상하이 전장에서 얼마 동안 더 소모전을 치르고 병사를 얼마나 더 잃었을지 알 수 없는 일이었다.

1937년 8월, 루스벨트(Roosevelt) 대통령의 명을 받고 상하이에 이르러 중일전쟁을 지켜보던 미군 해병대 에반스 칼슨(Evans Carlson) 소령은 편지에서 당시 중국에 대해 다음과 같이 적고 있다. "도저히 믿을 수 없는 일이다. 10년간 중국을 지켜보았지만 종래로 지금같이 중국 사람들이 일심동체로 단결하여 공동의 이익을 위해 전력을 다해 싸운 것은 처음인 것 같다." 몇 년 후 일본군이 동남아 및 태평양 전장에서 영·미 열강들을 쓸어버릴 때 서양에서는 그제야 상하이 전투 당시 중국사람들이 어떠한 적군과 맞서 싸웠고 중국인의 항전이 전 세계적으로 어떠한 가치가 있었는지 알게 되었다. 만약 당시 중국인들이 사력을 다해 저항하지 않았다면 백만 일본군은 동남아, 나아가 소련까지 순조롭게 침입함으로써 태평양 전장에서 미군과 비등한 실력을 가지게 되었을지도 모른다. 그렇게 되었다면 제2차 세계대전의 역사가 바뀌었을 것이며 나아가 인류 문명의 발전에도 영향을 미쳤을 것이다….

중국과 일본은 청일전쟁(1894년) 이후 줄곧 상호 견제하였으며 특히 일본은 시종일관 중국을 호시탐탐 노리고 있었다. 1931년 '9·18 사변'을 일으켜 만주를 통째로 삼킨 일본은 37년 '7·7 노구교 사변'을 일으켜 베이핑(北平) 및 화베이(華北) 일부를 점거하였다. 중국사에 정통한 일본은 높은 데서 낮은 곳으로, 북에서 남으로 전체 중국을 점령하여 침략의 역사를 재연하려 했던 것이다. 장제스를 총수로 한 중화민국 정부는 살을 떼어 호랑이를 먹이는 방식으로 둥베이(東北)를 포기하여 몇 년간의 준비기간을 얻어내었지만 그들 역시 쌍방 실력의 엄청난 차이를 알고 있었고 일본의 계획을 저지할 방법이 없음도 알고 있었다. 모험가 장제스는 일본군을 상하이로 유인하여 전면전을 치름으로써 일석이조의 효과를 얻으려 하였다. 하나는 일본군의 전략적 구도를 바꿔 놓음으로써 동쪽에서 서쪽으로 진군하여 중국의 전략적 종심(縱深)에 빠지게 하는 것이고 다른 하나는 각국의 눈앞에서 전쟁을 치름으로써 중국이 적군과 맞서 싸우는 용기를 보여주어 세계 각국의 주목과 동정을 얻어내어 유엔으로 하여금 일본에 압력을 가해 중재하게 하는 것이었다. 결국 장제스가 바라는 바대로 되었으나 그 대가는 엄청난 것이었다.

3개월간 지속된 상하이 전투에서 일본군은 10만, 중국군은 30만이 희생되었다! 중국군은 이 전쟁에서 중앙군 정예부대와 해군이 거의 전멸하다시피 했고 공군 역시 손실이 막대하였다. 또한 마지막 단계에서 수뇌부의 전략적 실수로 인해 일본군이 항저우완(杭州灣)으로 손쉽게 상륙하여 지원하게 함으로써 사전에 구축한 방어진지도 유명무실해지게 되었다. 후퇴 시기를 놓친 탓에 손실을 막기 위한 후퇴가 되레 대궤멸로 이어져 손실은 더욱 커졌다. 일본군 역시 3개월 간의 혈전을 거쳐 분노와 보복심리가 누적된 동시에 손쉬운 추격전에 따른 희열감 등이 팽배해졌으며 이는 남징함락 후 대살육전을 벌이게 된 원인이 되기도 하였다….

'역사는 거울과 같다'고들 한다. 그러면 거울 속에서 무엇을 볼 수 있을까? 그것은 다름 아닌 자신인 것이다.

인류의 역사는 끝없는 싸움의 편년사이기도 하다. 자세히 들여다보면 이익 쟁탈을 제외한 대부분은 상호 간의 보복으로 인한 것이다. 그러나 보복이 보복을 낳는다고 언제까지 악연을 이어갈 것인가? 한편으로는 전쟁으로 인한 증오가 한 나라의 발전 동력으로까지 작용할 수도 있다. 그러나 전쟁이 실제로 발발하면, 남는 것은 오직 고통과 눈물뿐이다. 유구한 역사를 지닌 중국과 일본 역시 몇백 년간의 '사랑과 전쟁'을 이어 오고 있다. 시간은 흘러 이젠 2012년이다. 현시대를 살아가는 우리는 지나간 과거를 어떻게 대하고 다가오는 미래를 어떻게 바라보아야 할 것인가?

온갖 고난을 헤쳐 온 우리 민족에게 이 책을 바치며 중국사람 나아가 중국이라는 나라가 더욱 강성해지기를 바란다.

2012년 10월 스톡홀름 교외 림부스에서
뤼보(呂玻)

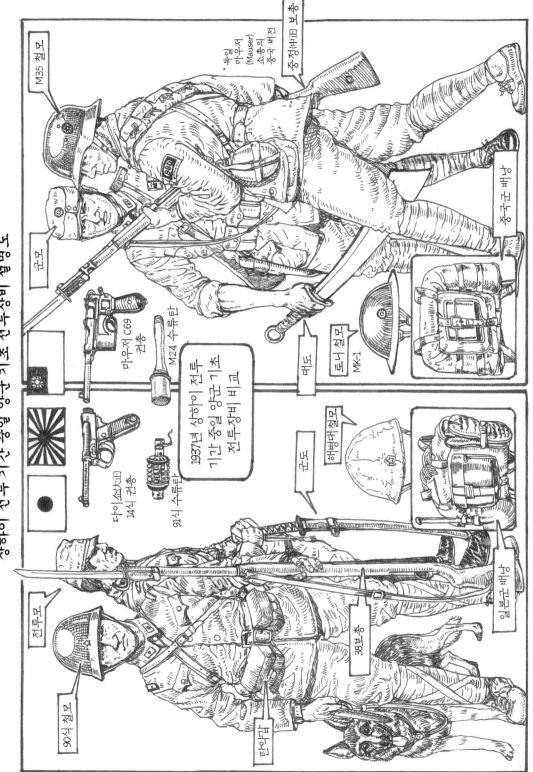

상하이 전투 기간 중일 양군 주요 제식(制式) 전투장비

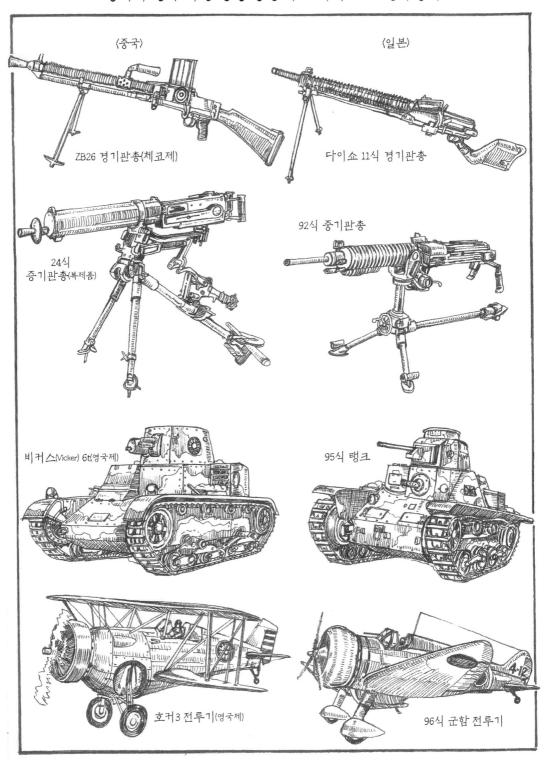

〈중국〉

〈일본〉

ZB26 경기관총(체코제)

다이쇼 11식 경기관총

24식 중기관총(복제품)

92식 중기관총

비커스(Vicker) 6t(영국제)

95식 탱크

호커3 전투기(영국제)

96식 군함 전투기

주요 참고문헌

1.『血肉磨坊—淞滬會戰』, 戴峰 著, 武漢大學出版社, 知兵堂授權, 2009.
2.『國殤—國民党正面戰場抗戰紀實』, 張洪濤 著, 團結出版社, 2005.
3.『鐵蹄下的南京』, 秦風輯圖, 楊國慶, 薛冰撰文, 廣西師范大學出版社, 2006.
4.『兵火—由日軍影像資料看中國抗日戰爭』, 樊建川 編著, 解放軍文藝出版社, 2007.
5.『1937淞滬會戰』, 畢洪撰述, 秦風輯圖, 山東畵報出版社, 2005.
6.『三聯生活周刊·抗戰勝利60周年之重訪歷史系列』, 2005年 第15期, 2005.4.25.

주요 인터넷 자료원

1. 바이두, 구글 검색엔진
2. www.tiexue.net

중국 항일전쟁 연대표

1931년
9월 18일, '9·18 사변'을 통해 일본군은 동북 3성을 병탄하고 만주국을 세움. 일본의 중국 침략전쟁의 발단이 됨.

1932년
1월 28일, 제1차 상하이 전투, 즉 '1·28 사변'에서 천밍수(陳銘樞), 차이팅제(蔡廷鍇) 장군이 19로군을 이끌고 저항.

1933년
1월 3일, 일본군에게 산하이관(山海關) 함락됨.
3월 9일, 중앙군 서북군 제29군이 시펑커우(喜峰口)에서 일본군과 혈전.

1936년
12월 12일, 장쉐량(張學良), 양후청(楊虎城)이 시안사변을 일으켜 국공(國共)합작을 이뤄냈고 전 중국이 일본에 대항.

1937년
7월 7일, 일본군은 루거우차오(蘆溝橋)에서 도발적인 군사연습을 진행한 후 뒤이어 완핑(宛平) 성을 포격함. '7·7 사변'이라 불림.
7월 31일, 일본군의 베이핑 함락.
8월 13일, 제2차 상하이 전투 발발, '상하이(송호) 회전'이라 하며 항일전쟁 역사상 가장 규모가 큰 전투로 기록됨.
12월 13일, 일본군은 난징(南京)을 함락하고 세계를 놀라게 한 대학살을 감행.

1938년
2월 3일, 쉬저우(徐州) 전투.
6월 12일, 우한(武漢) 전투.
10월 27일, 일본군 우한 3개 진(鎭) 점령.

중일전쟁은 전략적 방어단계에서 대치단계로 넘어감.

1939년
9월 1일, 독일의 폴란드 침입. 유럽전쟁 발발.

1940년
9월 27일, 베를린에서 '독일·이탈리아·일본 3국동맹조약' 체결, 파시즘 동맹 맺음.

1941년
12월 8일, 일본군 진주만 습격, 태평양전쟁 발발.
12월 9일, 중화민국 정부 대일본·대독일·대이탈리아 선전포고

1945년
7월 26일, 미·영·중 3국 '포츠담선언' 발표, 일본의 무조건 항복 촉구.
8월 6일, 미국, 일본 히로시마에 원자탄 투하.
8월 8일, 소련, 대일본 선전포고.
8월 15일, 일본 천황 히로히토, 방송으로 무조건 항복 발표.
9월 2일, 일본 대표가 전함 '미주리'에서 항복 문서에 서명. 중국 항일전쟁 및 제2차 세계대전의 종결.
9월 3일, 중화민국정부는 이날을 중국항일전쟁승리기념일로 정함.
9월 9일, 일본의 중국파견군 총사령관 오카무라 야스지(岡村寧次) 대중국 항복문서에 조인.

상하이 전투 중국군 순국 고급장교 명단

우커런(吳克仁) 중장(中將): 자(字)는 징산(靜山), 헤이룽장(黑龍江) 안닝(安寧) 인, 만족(滿族). 바오딩(保定)군관학교 5기 포과(炮科) 졸업. 중앙군 제67군 군단장. 1937년 11월 9일, 상하이 수비군 철퇴를 엄호하던 중 바이허항(白鶴港)에서 일본군 편의대(便衣隊)의 습격으로 희생.

라오궈화(饒國華) 중장(中將): 자(字)는 비천(弼臣), 쓰촨(四川) 쯔양(資陽) 현 둥샹(東鄕) 장자바(張家壩) 인. 쓰촨군(川軍) 제145사 사단장. 광더(廣德), 쓰안(泗安)에서 일본군과 전투하던 중 진지가 일본군에 의해 돌파되면서 자결. 육군 2급 상장(上將) 추서(追敍).

루징룽(路景榮) 소장(少將): 장쑤(江蘇) 우진(武進) 인, 1902년생, 황푸(黃埔)군관학교 4기 졸업. 중앙군 제98사단 제583연대 연대장, 사단 사령부 소장 참모장. 1937년 9월 10일 상하이 웨푸(月浦)에서 일본군과 접전 중 희생, 향년 35세.

양제(楊杰) 소장(少將): 자(字)는 쯔잉(子英), 허베이(河北) 룽청(容城) 인, 1895년생, 황푸(黃埔) 4기 졸업. 중앙군 제1군 제1사단 제1여단 부여단장. 1937년 10월 11일, 상하이 전투 구자자이(顧家宅) 전역에서 희생, 향년 41세.

팡한전(龐漢禎) 소장(少將): 자(字)는 인종(胤宗), 광시(廣西) 징시(靖西) 현 인, 좡족(壯族). 1899년생, 광시 육군강무당(陸軍講武堂) 및 중앙사관학교 난닝(南寧)분교 고급반 졸업. 광시군(桂軍) 제7군 제21집단군 제170사단 제510여단 여단장. 1937년 10월 23일 오후 3시, 천자싱(陳家行)에서 전투를 지휘하던 중 일본군의 포격으로 희생,

향년 38세. 육군 중장 추서(追敍).

친린(秦霖) 소장(少將): 자(字)는 쑹타오(松濤), 광시(廣西) 구이린(桂林) 인. 1900년생, 광시 육군강무당(陸軍講武堂) 졸업. 광시군(桂軍) 제7군 제171사단 제511여단 여단장. 1937년 10월 23일, 일본 전투기의 폭격으로 희생, 향년 37세. 육군 중장 추서(追敍).

황메이싱(黃梅興) 소장(少將): 자(字)는 징중(敬中), 광둥(廣東) 메이(梅) 현 커자(客家)인. 1897년생, 황푸(黃埔) 1기 졸업. 중앙군 제9집단군 제88사단 제264여단 여단장. 8월 14일 오후 3시경, 직접 최전선에서 지휘하던 중 애국여자학교 부근에서 일본군의 박격포를 맞고 희생, 향년 40세. 이 밖에 당시 함께 순국한 이들로는 여단부 참모 주임 덩광(鄧光) 중령 및 통신소대 관병 30여 명이 있음. 황메이싱 장군은 상하이 전투에서 희생된 첫 번째 고급 장교로 훗날 육군 중장 추서(追敍).

궁후이민(宮惠民) 소장(少將): 자(字)는 젠하오(劍豪), 광둥(廣東) 취장(曲江) 인. 황푸(黃埔) 4기 졸업. 중앙군 제4군 제90사단 제270여단 여단장. 1937년 10월 28일 자딩(嘉定) 칭수이센(淸水显)에서 희생, 향년 36세.

류치원(劉啓文) 소장(少將): 허난(河南) 난양(南陽) 인. 바오딩(保定)군관학교 졸업. 중앙군 제67군 제108 사단 제322여단 여단장. 1937년 11월 8일 일본군과의 스후당(石湖蕩) 접전에서 희생.

차이빙옌(蔡炳炎) 소장(少將): 자(字)는 지이(潔宜), 안후이(安徽) 허페이(合肥) 인, 황푸(黃埔) 1기 졸업. 중앙군 제18군 제67사단 제201여단

여단장. 상하이 전투에서 '혈육마방'이라
불리는 뤄뎬 쟁탈전 중 8월 27일 아침, 친히
402연대 2개 머머를 이끌고 뤄뎬 일본군을
공격하던 중 희생, 향년 35세. 훗날 육군 중장
추서(追敍).

우퉁강(吳桐崗) 소장(少將): 랴오닝(遼寧) 인.
중앙군 제67군 참모장, 1937년 11월 8일 상하이
쑹장(松江)에서 일본군과 접전 중 희생.

덩위쥐(鄧玉琢) 소장(少將): 랴오닝(遼寧) 둥강(東港)
인. 중앙군 제67군 제107사단 참모장. 1937년
11월 9일 상하이 쑹장(松江)에서 일본군과 접전
중 희생.

주즈룽(朱之榮) 소장(少將): 랴오닝(遼寧) 인.
중앙군 제67군 제107사단 제321여단 여단장.
1937년 11월 10일 상하이 쑹장(松江)에서
일본군과 접전 중 희생.

리보자오(李伯蛟) 소장(少將): 후난(湖南)
사오양(邵陽) 인, 일찍 참전하여 중앙군 제28군
제63사단 제187여단 여단장으로 지냄. 1937년
11월 상하이 진산웨이(金山衛)에서 일본군
상륙부대 저지 전투 중 희생.

우지광(吳繼光) 소장(少將): 장쑤(江蘇) 쉬이(盱眙)
인, 1903년생. 황푸(黃埔) 2기 졸업, 1937년 11월
11일 일본군과의 바이허 항(白鶴港) 접전에서
희생, 향년 34세. 훗날 육군 중장 추서(追敍).

 - 블로거 싸사(薩沙)의 「천지를 뒤흔든
   상하이 전투-[驚天動地的淞滬會戰]」에서 발췌

저자 루|보(呂玻)

1970년생으로 산둥(山東) 라오산(嶗山) 사람이다. 어려서부터 회화에 취미를
느꼈고 특히 만화를 좋아했다.
산둥 예술학원 미술학과 중국화 전공으로, 대학시절 이미 수편의 단편
만화작품을 발표하였다. 졸업 후 산둥 옌타이(煙台)방송국 정보부[信息部]
미술편집팀에 입사하였으나 일찍이 대학시절부터 좋아했던 록 음악에
심취하여 1994년 이직하고 베이징으로 꿈을 찾아 떠난다.
1995년 베이징에서 정식으로 록 음악계에 발을 버디뎠으며 1998년
우다오커우(五道口)에서 'SCREAM CLUB'을 열고 1999년 5월 '징원(京文)레코드'에
소속되면서 'SCREAM RECORDS' 브랜드를 구축하였는데 둘 다 중국 록 음악계에
대한 지대한 공헌을 하였다.
2008년 새로운 인생을 기획하면서 만화계로 되돌아가 다시 펜을 잡았다.
『상하이 전투(淞滬會戰)』는 이때부터 구상되었고 자료 수집도 함께 진행되었다.
2010년 'SCREAM RECORDS'와 '우셴싱쿵(無限星空)'사가 합작하면서 음악적
사무는 모두 경영팀에 넘기게 되었다.
2011년 가족과 함께 스웨덴에 체류하면서 『상하이 전투』를 제작·완성하였다.
2014년 말, Beijing Total Vision, DARGAUD, THREE KINGDOMS.AB에서 『상하이 전투』
중국어판, 프랑스어판, 스웨덴어판을 동시에 출간하였다. 또한 그의 다음
작품으로 700년 전 몽원(蒙元)의 대해전을 묘사한 『애산(崖山)』과 인류 기원의
이야기를 담은 과학 장편만화 『진화(進化)』가 연이어 독자들을 기다리고 있다.